GEORGE WASHINGTON

La creación de los Estados Unidos

Por Mélanie Mettra
En colaboración con Antoine Baudry
Traducido por Laura Bernal Martín

Historia en50MINUTOS.es

GEORGE WASHINGTON

CARNET DE IDENTIDAD

- **¿Nacimiento?** El 22 de febrero de 1732 en Pope's Creek (Virginia)
- **¿Muerte?** El 14 de diciembre de 1799 en Mount Vernon (Virginia)
- **¿Partido político?** Orientado hacia el federalismo hamiltoniano
- **¿Fechas de las elecciones?**
    - El 4 de febrero de 1789 para el primer mandato
    - El 13 de febrero de 1793 para el segundo mandato
- **¿Duración del mandato?** Siete años
- **¿Principales aportaciones?**
    - La Constitución estadounidense
    - El establecimiento del poder federal y de la función presidencial
    - El proteccionismo diplomático

INTRODUCCIÓN

George Washington, el primer presidente de los Estados Unidos, es un verdadero símbolo, conocido en todo el mundo gracias a que la capital federal del país lleva su nombre. Su cara resulta familiar gracias al billete de un dólar estadounidense y a la estatua en el monte Rushmore (Dakota del Sur).

Billete de un dólar estadounidense, 2003.

Se le reconoce como uno de los padres fundadores de los Estados Unidos de América, pues participa en el nacimiento de una nación. De la guerra de los Siete Años contra los franceses (1756-1763) y la de la Independencia contra los británicos (1775-1783) a la definición del proteccionismo estadounidense, del desarrollo de la Constitución a la creación de organismos federales, George Washington se encuentra en la base de los valores y de la identidad de este país en desarrollo, que aún conserva su legado. Profundamente enraizado en su época, se enfrenta a la aparición de problemas importantes en la historia de los Estados Unidos, tanto internos, como las relaciones con los indios o la cuestión de la esclavitud, como externos, como la política diplomática con Europa.

BIOGRAFÍA

George Washington por Gilbert Stuart, 1797.

JUVENTUD

George Washington nace el 22 de febrero de 1732 en Pope's Creek, en el condado de Westmoreland, en el estado de Virginia. Su padre, Agustín Washington (c. 1694-1743), un plantador acomodado, había tenido tres hijos fruto de un matrimonio anterior. Tras quedarse viudo en 1729, se había vuelto a casar dos años más tarde con Mary Ball (1708-1789), con la que tuvo a George Washington, el hijo mayor de la pareja. Después de la muerte de su padre, este último solo hereda algunas tierras, ya que la mayor parte le corresponde a sus hermanastros. Uno de ellos, Lawrence Washington (1718-1752), es el que se encarga de la educación del joven George, que entonces tenía 11 años. Estudiante promedio, detiene sus estudios a los 15 años y se convierte en ingeniero topógrafo. Gracias a sus ingresos, compra tierras situadas mayoritariamente al oeste de Virginia. En 1752 hereda la propiedad de Mount Vernon de su hermanastro Lawrence, convirtiéndose en un rico terrateniente. También le reemplaza como comandante en la milicia de Virginia.

Cuando las relaciones franco-inglesas en el territorio americano se deterioran, el gobernador de Virginia, Robert Dinwiddie (1693-1770), envía al nuevo teniente coronel al valle del Ohio, donde los franceses han levantado un edificio militar, el Fort Duquesne. Se le encarga construir una fortaleza británica que se situaría enfrente (el Fort Necessity), y hacer que se evacue la región de la actual Pittsburgh. Participa en un breve enfrentamiento en el que sus hombres matan en extrañas circunstancias al comandante francés Joseph Coulon de Jumonville (1718-1754): es el primer incidente grave de una guerra que enfrentará durante siete años a los ingleses y a los franceses en el continente americano. Durante el conflicto, George Washington sirve como oficial y destaca sobre todo su papel en la toma de Fort Duquesne en 1758. Posteriormente, es nombrado coronel.

Los ingleses toman Fort Duquesne, el 25 de noviembre de 1758.

En 1759, cuando el valle del Ohio vuelve a manos de los ingleses y la guerra franco-británica ha terminado, se retira a sus tierras de Mount Vernon, donde se casa con una rica viuda, Martha Dandridge Custis (1731-1802), lo que aumenta su patrimonio territorial. Ahora se sitúa a la cabeza de centenas de hectáreas de plantación de tabaco y de pesquerías en el Potomac (río al este de Estados Unidos), explotadas por más de un centenar de esclavos.

CARRERA POLÍTICA

Aristócrata virginiano, es miembro de la Cámara de Burgueses de Virginia entre 1759 y 1774. Sufre las normas, los impuestos y los monopolios comerciales impuestos por los ingleses, y se convierte rápidamente en uno de los líderes de la oposición a la política colonial británica. En 1774 y 1775, es elegido representante de Virginia en el Primer y Segundo Congreso Continental, donde participa en la redacción y en la aprobación, el 4 de julio de 1776, de la Declaración de Independencia. En junio de 1775 es nombrado comandante en jefe del Ejército Continental: reorganiza las tropas indisciplinadas y entra en la guerra contra los ingleses, que se ven obligados a abandonar Boston el 17 de marzo de 1776. A pesar de una derrota en Nueva York en septiembre de 1776 y de un invierno difícil en Pensilvania, se las arregla para mantener alta la moral de sus tropas al lograr importantes victorias: las de Trenton y Princeton en enero de 1777, y la de Filadelfia, abandonada por los ingleses en 1778. El 19 de octubre de 1781, con el apoyo de las tropas francesas dirigidas por Jean-Baptiste Donatien de Rochambeau (1725-1807), consigue finalmente la capitulación del general británico Charles Cornwallis (1738-1805) en Yorktown.

Una vez restablecida la paz, George Washington vuelve a disponerse a regresar a sus tierras en Mount Vernon. Sin embargo, las disfunciones de la joven confederación le llevan a volver a la escena política. En 1787 acepta la presidencia de la Convención Constitucional de Filadelfia que, bajo sus auspicios, redacta la nueva Constitución de los 13 estados federales. Es elegido primer presidente de los Estados Unidos después de la formación del nuevo Gobierno. Durante sus dos mandatos, trabaja para construir las herramientas legislativas y administrativas de la joven nación americana, pone en marcha una política económica muy marcada por el federalismo hamiltoniano, y sienta las bases de una nueva diplomacia, expresión de su voluntad de neutralidad frente a sus antiguos adversarios franceses y británicos.

En 1796, decepcionado y cansado por las diferencias políticas cada vez más marcadas que aparecen dentro de su propio gobierno, se retira nuevamente a Mount Vernon. Solo disfruta de tres años de retiro, ya que fallece como consecuencia de una infección de garganta el 14 de diciembre de 1799 a los 67 años.

CONTEXTO POLÍTICO, SOCIAL Y ECONÓMICO

LAS COLONIAS BRITÁNICAS Y SUS HABITANTES

A partir de 1620 llegan a América del Norte inmigrantes anglosajones que buscan tierras para explotar, un lugar de libertad e igualdad. Este fenómeno es tan importante que en el siglo XVIII los territorios de la costa este se convierten en colonias bajo la autoridad del rey de Inglaterra Jorge III (1738-1820) que cuentan con cerca de dos millones de habitantes a mediados de la década de 1760.

La economía de estas colonias del Norte —que agrupan, en particular, a Massachusetts, Nuevo Hampshire, Nueva York, Pensilvania, Nueva Jersey, Delaware y Maryland— se caracteriza por la explotación maderera, por el policultivo en fincas medianas y por una protoindustria basada en la construcción naval, la destilación y el hilado. La población, compuesta principalmente por comerciantes acomodados y marcada por un fuerte puritanismo protestante, se reúne en grandes ciudades como Filadelfia, Nueva York, Boston o Baltimore.

Por su parte, las colonias del Sur —que incluyen principalmente Virginia, Carolina del Norte y del Sur y Georgia— están especializadas en la explotación del tabaco, del arroz y del añil, y más tarde del algodón, en propiedades inmensas. Las ciudades y los puertos están menos desarrollados que en el Norte. Virginia, lugar de origen del futuro presidente

George Washington, es la colonia más poblada, donde encontramos, al igual que en Carolina o en Georgia, una aristocracia de plantadores ricos. Los esclavos, que en los años 1760 representan cerca del 30% de la población, son los pilares de esta economía agrícola, especialmente en el Sur tabacalero y, más tarde, algodonero. Su situación divide a la sociedad desde finales del siglo XVII, sobre todo bajo el impulso de los cuáqueros (comunidad religiosa protestante) de Pensilvania, que están a favor de la abolición de la esclavitud. Además, en la década de 1770 se crea en Filadelfia una sociedad a favor de la emancipación de los negros libres. Esta promueve, a través de la creación de escuelas primarias para negros, la educación y la emancipación de los esclavos. Gracias a estas iniciativas, los estados del Norte abolen gradualmente la esclavitud: Vermont en 1777, Pensilvania en 1780, Virginia en 1782 y Massachusetts en 1783. A finales del siglo XVIII, la esclavitud se prohíbe en todo el norte de la federación, pero la Constitución de 1788 no toma nota y no lo integra en sus artículos.

A lo largo de la frontera occidental de las colonias británicas están los territorios indígenas. Desde el principio, la voluntad colonizadora de los primeros inmigrantes choca con las naciones indígenas que viven allí. Aunque, al principio, se toman como modelos para la explotación de recursos del continente, los indios se convierten enseguida en una amenaza permanente debido a su oposición a la colonización de sus tierras. Estallan muchos altercados con los colonos, que se saldan o bien con la toma de tierras por la fuerza, o bien con tratados. Así, el Tratado de Fort Stanwix (1768) ratifica la cesión de territorios iroqueses en el Ohio a los ingleses a cambio de las tierras situadas en la colonia de Nueva York. Para lograr sus objetivos, los británicos no dudan en utilizar estratagemas poco ortodoxas. En este sentido, durante la batalla de Point Pleasant en 1774 (ciudad de Virginia Occidental), distribuyen mantas infectadas con la viruela, contaminando a miles de amerindios. En 1779, George Washington, entonces comandante del Ejército Continental durante la guerra de Independencia, ordena la conquista de los territorios iroqueses, tribu aliada en la época con los británicos. En 1784, con el segundo Tratado de Fort Stanwix, los shawnee (pueblo norteamericano) ceden sus tierras al este y al sur del Ohio. En julio de 1787, la Ordenanza del Noroeste abre vía libre a la colonización de los territorios situados dentro de esta región, al tiempo que prohíbe la apropiación abusiva de tierras sin el permiso de sus propietarios amerindios. Sin embargo, esta cláusula dista mucho de ser siempre respetada, lo que provoca la revuelta de las naciones espoliadas, que no dudan en rebelarse: este es el caso de las tribus de los miami, lideradas por el jefe Little Turtle (c. 1752-1812), que infligen graves derrotas a los estadounidenses, primero en 1790 y más tarde en 1791, en la batalla del Wabash. En 1794, son los ejércitos federales los que se hacen con la victoria de Fallen Timbers, permitiendo la instalación de colonos en los territorios de la Ordenanza del Noroeste, como los Apalaches, Misisipi o Tennessee. Las guerras indias marcan los siglos XVIII y XIX.

Jefe Little Turtle.

¿Sabías que...?

La Ordenanza del Noroeste, aprobada por el Congreso estadounidense el 13 de julio de 1787, reconoce a las tribus indígenas como naciones extranjeras con las que es necesario negociar antes de conquistar su territorio. Asimismo, establece las normas de constitución y de entrada de un nuevo estado en la Unión. De esta forma, los territorios deben tener 60 000 habitantes para acceder a la condición de estado, una exigencia que en realidad origina la conquista territorial y la implantación de colonos en los nuevos territorios para lograr obtener este estatuto privilegiado. La Ordenanza del Noroeste también suscita disensiones en torno a la esclavitud (que prohíbe), lo que hace que aumenten las divergencias entre los estados del Norte y los del Sur.

FRENCH AND INDIAN WAR

En 1756, lejos del continente americano, las principales potencias europeas entran en un conflicto que tendrá un alcance global: es la llamada guerra de los Siete Años que enfrenta, por un lado, al Archiducado de Austria contra el Reino de Prusia y, por otro, a los ingleses contra los franceses. Esta guerra tiene sus orígenes en la guerra anterior, la denominada «guerra de Sucesión Austríaca» (1740-1748), durante la que los prusianos se habían apoderado de la Silesia austriaca. En enero de 1756, el rey de Inglaterra Jorge II (1683-1760) firma un acuerdo de neutralidad con el Reino de Prusia, mientras que la Francia de Luis XV (1710-1774) y la Austria de María Teresa I (1717-1780) se alían. La guerra causa estragos no solo en Europa, sino también en las colonias. Los franceses poseen en el continente americano vastos territorios, como Nueva Francia (es decir, las cuencas del Misisipi y del Misuri, así como la zona de los Grandes

Lagos, Canadá, Acadia y parte de Luisiana) que forman un arco de circunferencia que va del Gran Norte hasta el golfo de México, encerrando así a las colonias británicas. Desde hace mucho tiempo, esta zona suscita rivalidades entre franceses e ingleses, que quieren obtener su dominio, su acceso y la explotación de sus recursos. A principios de la década de 1750, las tensiones aumentan cada vez más en el valle del Ohio. De este modo, en 1754, las tropas de George Washington, encomendadas por el gobernador de Virginia, patrullan la zona del Fort Duquesne con la intención de construir una fortaleza para hacer frente a sus oponentes. Pero el comandante francés que se encuentra en ella es asesinado durante un enfrentamiento en circunstancias poco claras. Este evento desencadena una guerra llamada por los británicos *French and Indian War* («guerra franco-india», también conocida como «guerra de la Conquista») debido al apoyo que algunas tribus indias le ofrecen a los franceses. Las batallas tienen lugar en todo el territorio norteamericano. En julio de 1754, los franceses logran una primera victoria en Pensilvania, durante la batalla de Fort Necessity. En 1758, las tropas británicas, ayudadas por las de George Washington, toman el Fort Duquesne, poniendo fin a la dominación francesa en las tierras del Ohio.

En la provincia de Nueva York, las tropas francesas dirigidas por el general Louis Joseph de Montcalm (1712-1759) logran victorias sucesivas en Fort Henry y Fort Carillon, en 1757 y 1758.

La victoria de las tropas de Montcalm en Carillon, por Henry Alexander Ogden, principios del siglo XX.

En Nueva Francia, la población francesa de Acadia se niega a prestar juramento de fidelidada Charles Lawrence (1709-1760), gobernador de Nueva Escocia, lo que hace que éste tema que se levante en armas contra él. Por ello, en junio de 1755 organiza su deportación. En junio de 1759, la ciudad de Quebec sufre el asedio y los bombardeos de los ejércitos navales del general británico James Wolfe (1727-1759). Después de dos meses de incertidumbre, el 13 de septiembre las tropas franco-británicas se enfrentan en las Llanuras de Abraham, donde perecen los generales de los dos ejércitos, el británico James Wolfe y el francés Louis

Joseph de Montcalm. La ciudad de Quebec capitula el 16 de septiembre de 1759. El 8 de septiembre de 1760, Montreal firma su rendición, y con ella el final de la Nueva Francia, que a partir de ahora se convierte en una posesión inglesa.

La muerte del general Wolfe, por Benjamin West, 1770 .

El 10 de enero de 1763, el Tratado de París pone fin a la guerra de los Siete Años, así como a la mayor parte de las colonias francesas en América del Norte, que son cedidas a los ingleses.

LA DECLARACIÓN Y LA GUERRA DE INDEPENDENCIA

Tras la victoria contra los franceses, el rey de Inglaterra Jorge III reafirma su poder en las colonias británicas. Refuerza su política de comercio exclusivo que les vincula a la metrópolis, endurece la represión de los fraudes contra las fuertes tasas impuestas por la Corona (sobre el té, el azúcar, la prensa, etc.) y limita la influencia de las asambleas garantizando la remuneración de los gobernadores por la Corona. Pronto, los estadounidenses se niegan a esta presión colonialista, impuesta por un parlamento en el que, a pesar de sus reivindicaciones, no tienen representantes. Entonces llevan a cabo acciones para boicotear los productos ingleses en 1767 y 1768, unas acciones que son severamente castigadas por los Townshend Acts, que le imponen a las colonias unos elevados impuestos aduaneros para obtener el dinero necesario para financiar la administración colonial. Estas medidas conducen a revueltas a veces violentas, como la masacre de Boston (5 de marzo de 1770) durante la que los soldados británicos disparan contra la multitud, o el Boston Tea Party (el Motín del té) del 16 de diciembre de 1773, en el que se produce la destrucción de los cargamentos de té en represalia al monopolio de la Compañía de las Indias Orientales sobre la venta de este a los Estados Unidos. Reino Unido reacciona de inmediato mediante lo que se denominarán los Intolerable Acts, unas leyes punitivas que arruinan el comercio de Boston al ordenar el cierre del puerto y que ponen fin a las libertades acordadas a Massachusetts. Frente a la represión, las colonias se organizan y se reúnen en 1774 en Filadelfia, en un Congreso Continental iniciado por Benjamin Franklin (filósofo, físico y hombre de Estado estadounidense, 1706-1790).

Durante el Boston Tea Party los colonos, algunos vestidos como nativos americanos, destruyeron un cargamento de té enviado por la Compañía de las Indias Orientales, arrojando el té al puerto de Boston.

En junio de 1775, cuando comienza el Segundo Congreso Continental, una primera batalla enfrenta a los ingleses y a los estadounidenses, batalla en la que participa George Washington como comandante del Primer Ejército Continental. Mientras que el 4 de julio de 1776 los 13 estados insurgentes adoptan la Declaración de Independencia y ratifican, el 15 de noviembre de 1777, los artículos de la Confederación, la guerra de Independencia causa estragos. Algunos estadounidenses —los «lealistas»— siguen siendo fieles a los británicos, que unen a sus filas a mercenarios extranjeros para apoyar a sus ejércitos en una lucha contra unas tropas poco numerosas, mal organizadas y formadas a toda prisa por George Washington. El Ejército Continental fracasa al principio contra las tropas de la antigua potencia colonial, como en la derrota de Nueva York en 1776 y en la de Filadelfia un año más tarde. Pero los *insurgents* («insurgentes») unen rápidamente a su causa a los adversarios europeos de Gran Bretaña. Francia, en primer lugar, gracias a la misión diplomática de Benjamin Franklin, ve en esto una oportunidad de venganza tras la derrota en la guerra de los Siete Años y la pérdida de sus colonias. El general La Fayette (1757-1834) y el conde Jean-Baptiste Donatien de Rochambeau (1725-1807) lideran el ejército francés y contribuyen, con George Washington, a la victoria de Yorktown. La capitulación de lord Charles Cornwallis (general británico y más tarde gobernador de las Indias, 1738-1805), precipita el final de la guerra de Independencia. La Paz de París, firmada el 3 de septiembre de 1783, reconoce a la nueva república federal de los Estados Unidos.

EL NACIMIENTO DE UNA NACIÓN

Después de la proclamación de la Declaración de Independencia de los Estados Unidos el 4 de julio de 1776, las 13 antiguas colonias inglesas se declaran estados soberanos. Desde 1777, intentan redactar los artículos de la Confederación con el fin de regular esta alianza, pero los debates suben de tono debido a numerosos desacuerdos, sobre todo en el ámbito comercial y aduanero. De hecho, el futuro gobierno federal no tendrá ningún poder en materia financiera: no podrá exigir ningún impuesto ni ninguna tasa, ya que sus recursos solo están garantizados por la libre contribución de los estados miembros. Entonces, en mayo de 1787, se reúne una nueva Convención a iniciativa del estado de Virginia y bajo la presidencia de su representante, George Washington. Durante cuatro meses, trabaja en la redacción de un texto que conserva la autonomía de los estados al tiempo que define y afirma los poderes del gobierno federal. El proyecto de Constitución se aprueba el 17 de septiembre de 1787 y entra en vigor el 4 de marzo de 1789, en los albores del mandato del primer presidente de los Estados Unidos.

MOMENTOS CLAVE

UN PRESIDENTE QUE LOGRA LA UNANIMIDAD

Las primeras elecciones presidenciales de febrero de 1789 no son unas elecciones en el sentido tradicional de la palabra. Los miembros del Congreso que han participado en la redacción de la Constitución, que define el estatuto del presidente, están obligados a nombrarlo para dirigir la nueva federación. Pero todavía no existe una oposición real, y los 11 candidatos que se presentan no proponen un programa muy definido ni muy distinto al de los demás. Por lo tanto, lo único que cuenta en ese escrutinio son las competencias y la experiencia de los candidatos.

Cada estado tiene el mismo número de grandes electores y de representantes en el Congreso. Dada la novedad del sistema, su nombramiento, que está o no sujeto a votación popular, a veces es aleatorio. Por ello, el estado de Nueva York no logra presentar a ningún gran elector ese año. Además, de los 81 que en teoría se supone que pueden votar, solo participan 69. Cada uno tiene dos papeletas, una destinada a la elección del presidente y otra a la del vicepresidente. El primer candidato que reciba más votos accede a la legislatura suprema, y el segundo a la vicepresidencia. George Washington es elegido por unanimidad con 69 votos y John Adams (1735-1826) es nombrado vicepresidente con 34 votos.

La elección de 1792, que elige a George Washington líder

de un segundo mandato, se desarrolla de manera algo diferente. En primer lugar, todos los grandes electores están presentes. Con los nuevos estados que han entrado en la Unión, su número asciende ahora a 132. Además, surgen las primeras oposiciones y emergen dos corrientes de pensamiento:

- la primera, dirigida por el secretario del Tesoro de los Estados Unidos, Alexander Hamilton (1757-1804), está orientada hacia un federalismo que limite el poder de los estados;
- la segunda, dirigida por Thomas Jefferson (1743-1826), secretario de Estado de Asuntos Exteriores, aboga en cambio por la autonomía de los estados, dentro de un partido republicano-demócrata.

Aunque George Washington no tiene muchas ganas de presentarse a un segundo mandato, le animan a que lo haga. Y lo hacen porque, a pesar de que su postura le lleva a inclinarse más a favor del federalismo, los miembros de ambos partidos consideran que es el único que puede superar sus diferencias. Por consiguiente, es reelegido por unanimidad frente a los otros cuatro candidatos, y el vicepresidente saliente, John Adams, también continúa con su mandato. Sin embargo, hay que tener en cuenta que la tasa de participación es muy baja: solo entre el 1 y el 2% de la población participa.

denses aún carecen de un marco legislativo específico en lo referido al nombramiento de los grandes electores. Como cada estado es libre de decidir el sistema de votación, hay muchas variaciones. A veces son designados por el parlamento del estado, a veces por los ciudadanos; también podía ocurrir que el parlamento eligiera a los candidatos a los que la población hubiera votado más.

UNA POLÍTICA FEDERALISTA

La Constitución entra en vigor cuando George Washington comienza su mandato presidencial. Prevé tanto el mantenimiento de la independencia de los 13 estados que constituyen, en 1789, los Estados Unidos de América, como un considerable poder federal. A lo largo de sus dos mandatos, el presidente George Washington trabaja para definir y desarrollar las instancias y los organismos de esta forma de gobierno, así como sus bases constitucionales y legislativas, mientras que los nuevos estados se unen progresivamente a la federación (Vermont en 1791, Kentucky en 1792 y Tennessee en 1796).

La primera contribución importante de George Washington como primer presidente es la Declaración de Derechos (Bill of Rights), aprobada en 1789 y ratificada por el Congreso en diciembre de 1791. Propuesta para tranquilizar a los ciudadanos que temen que las facultades conferidas por la Constitución al gobierno central restrinjan las libertades individuales, contiene diez enmiendas para proteger la libertad de expresión, de prensa, de religión, de reunión, de portar armas, de protección ante la justicia, etc.

En el ámbito económico, la política de George Washington está fuertemente marcada por el pensamiento hamiltoniano. Dentro de su gobierno, sus dos principales secretarios de Estado abogan por concepciones del federalismo algo diferentes. Mientras que Alexander Hamilton, secretario del Tesoro, defiende la idea de una república aristocrática cuyo gobierno ilustrado preservaría el interés general frente a la presión popular, Thomas Jefferson, secretario de Estado de Asuntos Exteriores, defiende por su parte la limitación de las prerrogativas del poder central y la garantía a los estados de la mayor independencia posible, haciendo hincapié en las libertades individuales y en el control del gobierno por parte del pueblo.

Los primeros trabajos de Alexander Hamilton como secretario de Estado del Tesoro consisten en reorganizar los asuntos presupuestarios. En primer lugar, el 22 de septiembre de 1789, se establece el Departamento del Tesoro, cuya función es controlar la política económica del gobierno federal. A continuación, se introduce el financiamiento de la deuda de los estados por el Gobierno federal. De hecho, los 13 estados federales, así como el Gobierno continental, están gravemente endeudados debido a la guerra de Independencia, lo que provoca una grave crisis presupuestaria. Para pagar estas deudas y para demostrar la solidez de la joven nación frente a sus acreedores, el gobierno federal puede ahora, gracias a la nueva Constitución, fijar y recaudar impuestos sobre el comercio internacional de los Estados Unidos y regularlo. Así pues, los derechos aduaneros suponen la principal fuente de ingresos federales, los cuales tendrían que ser utilizados para el pago de la deuda. Mediante los actos del 4 y 5 de agosto de 1790, la deuda de los Estados es nacionalizada y estos son rescatados. El 25 de febrero de 1791 se funda el primer banco de los Estados Unidos para mejorar la situación financiera y para asegurar el buen funcionamiento económico. El 2 de abril de 1792, el Coinage Act («Ley de la Moneda») aprueba la creación de una Casa de la Moneda que emita la nueva moneda federal: el dólar estadounidense.

¿SABÍAS QUE...?

El gobierno, que se beneficia de sus nuevas prerrogativas de fijación y recaudación de impuestos, impone uno sobre el alcohol destilado en 1791. Durante tres años, estallan protestas y ataques contra los cobradores de impuestos en los condados del oeste de los Estados Unidos, Virginia, Pensilvania y Maryland. Llamada la «Rebelión del Whisky», la violencia alcanza su apogeo en 1794, obligando a George Washington a instaurar la Ley Marcial. Un ejército de 13 000 hombres constituido para este fin acaba con los altercados en octubre de 1794, fortaleciendo así el poder ejecutivo y federal de la joven nación.

En el plano judicial, George Washington firma en 1789 el Judiciary Act, la base de las nuevas instituciones judiciales. Entonces se crea una Corte Suprema, encabezada por un alto magistrado, y asistida inicialmente por cinco asesores elegidos por el presidente y aprobados por el Congreso.

LA EXPANSIÓN DE LAS FRONTERAS

En 1789, los Estados Unidos están formados por 13 estados ubicados a lo largo de la costa este. Al oeste, un vasto territorio ocupado por colonos británicos y naciones indígenas los separa de la colonia de Luisiana y del Reino de Nueva España, que reúne a los territorios españoles. Además, Florida, también española, hace frontera con la nueva nación por el sur. A lo largo de los siglos XVIII y XIX, estos territorios serán centro de revueltas y negociaciones.

La bonanza financiera que representa la venta de tierras consideradas vírgenes, así como las condiciones de creación de un nuevo Estado especificadas por la Ordenanza del Noroeste de 1787, impulsan a muchos pioneros a hacer retroceder la frontera oeste de los Estados Unidos. Sin embargo, los ingleses siguen poseyendo fortalezas y territorios. Para protegerlos, estos se alían con las poblaciones indias, que también luchan por proteger sus tierras, especialmente en el Ohio.

La postura de George Washington frente a los indios es doble: denuncia los ataques organizados por los conquistadores americanos deseosos de establecerse en territorio indio; de hecho, frente a aquellos a los que considera salvajes, recomienda recurrir a tratados y fomentar la «civilización» de esas poblaciones autóctonas a través de la educación y del apoyo financiero y material. Sin embargo, no tiene reparos en reprimir fuertemente los levantamientos indios, como los enfrentamientos contra las naciones indias del Ohio River en 1791 y en 1794, que concluyen con el Tratado de Greenville en 1795. Entonces, los indios le ceden al Gobierno territorios en el Ohio, Michigan e Indiana. El mismo año, los británicos abandonan las fortalezas que todavía poseían en la zona. Pero cada nuevo avance hacia el oeste da lugar a enfrentamientos, que se repiten durante más de un siglo.

Al sur, el Tratado de San Lorenzo (o de Pinckney), que firman España y los Estados Unidos el 27 de octubre de 1795, le atribuye a la federación la autoridad sobre el nuevo territorio al este del Misisipi, lo que abre el río y el puerto de Nueva Orleans a la circulación comercial de navíos estadounidenses. En cambio, los españoles maximizan el rendimiento fiscal de la zona, en plena expansión económica, gracias al cultivo del algodón.

¿SABÍAS QUE...?

En 1789, la capital de los Estados Unidos está en Nueva York. El Congreso se traslada a Filadelfia en diciembre de 1790, situada a medio camino entre Nueva York y Virginia, y se convierte en la capital provisional. De hecho, la Constitución prevé la creación de una nueva capital en un territorio neutro para poner fin a la competencia de los estados que desean acogerla. Determinada por la Residence Act de julio de 1790 a orillas del río Potomac, al norte de Virginia, esta última y el estado de Maryland ceden en marzo de 1791 un territorio de unos 250 kilómetros cuadrados, que constituye el nuevo distrito de Columbia. El arquitecto francés Pierre Charles l'Enfant (1754-1825) es responsable de elaborar los planos de la ciudad que nacerá en este lugar y que llevará el nombre del primer presidente de los Estados Unidos. En 1792 se pone la primera piedra de la Casa Blanca y, en 1793, la del Capitolio.

RELACIONES INTERNACIONALES

Después de la guerra de los Siete Años y de la guerra de Independencia, las relaciones diplomáticas internacionales de la joven nación americana no son fáciles.

Cuando estalla la Revolución francesa en 1789, el pueblo francés, que había apoyado a los estadounidenses durante su propia revolución —Gilbert du Mortier de La Fayette participó en la victoria final de las tropas estadounidenses en Yorktown, junto a George Washington—, recibe el apoyo de la opinión estadounidense. Pero cuando estalla la guerra franco-británica en 1793, esta divide a los políticos. Los enfrentamientos con los ingleses, que hacen que se subleven las naciones indias con el fin de obtener su ayuda en los territorios occidentales, motivan a algunos de ellos, amparados por el secretario de Estado Thomas Jefferson, a apoyar una intervención de los Estados Unidos a favor de Francia. Otros, liderados por el secretario del Tesoro Alexander Hamilton, desean mantener las relaciones comerciales privilegiadas con Gran Bretaña, y se muestran más reacios. George Washington, pasando por alto las rivalidades, se decanta por una política de neutralidad (Declaración del 22 de abril de 1793) que las maniobras tanto de los franceses como de los ingleses pondrán a prueba.

A principios del mes de abril de 1793, el primer embajador de la República francesa, Edmond-Charles Genêt (1763-1834), llega a Carolina del Sur para pedir ayuda al presidente de los Estados Unidos. Incluso antes de reunirse con este, e incluso después de la declaración de neutralidad, se beneficia de su popularidad para armar cuatro buques de guerra y reclutar a milicias. George Washington, irritado por este comportamiento y después de una severa reprimenda a Edmond-Charles Genêt que este pasa por alto, le pide a Francia que le retire su mandato. Así, en lugar de fortalecer las relaciones franco-estadounidenses, el embajador de Francia las ha estropeado. De hecho, el Directorio las rompe en 1797.

Los británicos tampoco se quedan atrás. En el año 1793, Gran Bretaña anuncia que inspeccionará todas las naves de comercio con Francia, incluso aquellas con bandera estadounidense, lo que reaviva las tensiones entre Inglaterra y los Estados Unidos. George Washington suspende inmediatamente el comercio marítimo e inicia la construcción de tres buques de guerra. Sin embargo, sigue tratando de conseguir una reconciliación con los ingleses, pero estos multiplican la provocación al seguir construyendo fuertes en el oeste de los estados federados y al hacer que las naciones amerindias se subleven por cuenta propia. Sin embargo, George Washington, a través de la diplomacia y de su emisario John Jay (1745-1829), logra negociar un tratado (el Tratado de Londres) que se ratifica en octubre de 1795. Los ingleses aceptan entonces abandonar los fuertes que aún ocupan, indemnizan a los buques comerciales estadounidenses y a cambio reciben el estatus comercial de nación privilegiada.

A pesar de todas estas dificultades, George Washington se esfuerza por mantener su política de neutralidad, que reafirmará en su discurso de despedida. Al final de su segundo mandato, cuando su Gobierno se ve envuelto en muchos desacuerdos, se le anima a que se vuelva a presentar, pero George Washington decide poner fin a su carrera política. El 20 de septiembre de 1796 pronuncia su discurso de final de mandato, en el que reafirma la necesidad de neutralidad y de unión, anunciando el proteccionismo que regirá la política internacional estadounidense hasta la Segunda Guerra Mundial (1939-1945).

REPERCUSIONES

A NIVEL POLÍTICO

En los años que suceden al término del mandato de George Washington, la cara política y económica de los Estados Unidos conserva su esencia. Las divisiones que han surgido durante sus dos mandatos entre los partidarios de la visión política de Alexander Hamilton y los que están a favor de la de Thomas Jefferson aumentan bajo la presidencia de John Adams (1797-1801). Aunque, como su predecesor, intenta gobernar más allá de las luchas partidistas, su política internacional promueve las opiniones de los jeffersonianos. Como George Washington no logra preservar su concepción apolítica del Gobierno, bajo su presidencia nace el bipartidismo que marcará los próximos siglos: los federalistas inspirarán el futuro partido republicano, mientras que los republicanos-demócratas provocarán el nacimiento del partido demócrata.

La economía, mientras tanto, está profundamente anclada en la industrialización del Norte y en las finanzas. George Washington, que promueve el surgimiento de una nueva economía basada en la industria y en los intercambios monetarios y bursátiles, también inicia la gran aventura bancaria estadounidense, pública y privada, que en el futuro atravesará períodos buenos y malos. La primera banca federal se reemplaza por una segunda en 1812. Aun así, hasta 1863 la emisión monetaria sigue siendo libre. Sin embargo, la National Bank Act de ese mismo año limita la emisión de dinero a los bancos privados, cuyos billetes podían servir como garantía en posesiones de renta federal. En 1913, la reserva federal avala el monopolio de la emisión por el Gobierno federal.

LA GUERRA DE SECESIÓN Y LA CONQUISTA DEL OESTE

En los estados del Sur se esbozan, en la década de 1790, los primeros trazos de la futura guerra de Secesión (1861-1865). De hecho, la economía agrícola y de plantación se encuentra en pleno desarrollo. Aunque inicialmente se basa en el cultivo del tabaco, las innovaciones técnicas del hilado y el aumento de la demanda promueven el cultivo del algodón, que sufre una fulgurante expansión a partir de los años 1790. Este cultivo, que precisa de una considerable mano de obra, lo realizan principalmente los esclavos, cuya población sigue creciendo: durante la segunda mitad del siglo XVIII, representan entre un tercio y un sexto de la población total de los Estados Unidos. Con el avance hacia el oeste, las nuevas tierras conquistadas se dedican también al cultivo del tabaco, del algodón o de plantas tintóreas, lo que implica el desplazamiento de las poblaciones esclavizadas. Ya en la década de 1770, varios estados del Norte votan a favor de la abolición de la esclavitud, pero George Washington, propietario de esclavos y que sin embargo muestra varias veces inclinaciones abolicionistas, no toma ninguna decisión sobre este tema, dejando en manos de sus sucesores esta espinosa cuestión, que solo se resolverá a costa de una sangrienta guerra civil.

También bajo la presidencia de George Washington

comienza la gran epopeya de la conquista del oeste, fundadora de la identidad estadounidense. Los primeros acuerdos con los indios y con los españoles, obtenidos por la fuerza o mediante la diplomacia, abren la era de los pioneros, que buscan, mediante el descubrimiento y la conquista de nuevos territorios al oeste, extender la influencia política y, sobre todo, económica y comercial de la joven nación federal.

El progreso americano de John Gast, 1872. Esta pintura representa el destino manifiesto que muestra que los colonos americanos estaban destinados a moverse por todo el continente.

UNA CONSTITUCIÓN SÓLIDA

Por último, George Washington establece esencialmente las bases constitucionales de una nación, unas bases que dos siglos más tarde siguen siendo sólidas gracias a la Constitución en la que trabaja, a las enmiendas que todavía rigen la justicia y las libertades de los estadounidenses, a una cierta idea de la diplomacia y a la posición de los Estados Unidos sobre el tablero mundial, que solo se cuestionará realmente durante la Segunda Guerra Mundial, un periodo en el que el país saldrá de su aislacionismo.

George Washington es también la persona que materializa la función presidencial. La representación del papel, de los deberes y de la postura del jefe de Estado federal se hereda en gran parte de sus propias acciones. Bajo su presidencia nace la tradición de la elección del gabinete por parte del propio presidente, la limitación del ejercicio del poder supremo a dos mandatos, o el nombramiento de un gran número de funcionarios por el jefe de Estado en persona (embajadores, jueces de la Corte Suprema, etc.). Asentando el poder ejecutivo representado por la función presidencial, define claramente el papel del Congreso y su poder legislativo. Evita cuidadosamente inmiscuirse en los debates, salvo en el caso de cuestiones constitucionales, y no utiliza su derecho de veto para influir en las decisiones. Durante la Rebelión del Whisky de 1794, también demuestra la superioridad del poder federal sobre los estados, un poder garantizado de forma rudimentaria primero en forma de milicias armadas, y cuyas atribuciones y especificidad se desarrollarán a lo largo de las siguientes décadas.

EN RESUMEN

1732
22 feb.: nacimiento de George Washington

1754-1763
French and Indian War

1775-1783
Guerra de Independencia

1789
4 mar.: entrada en vigor de la Constitución
de los Estados Unidos
30 abr.: investidura de George Washington

1791
15 dic.: ratificación final de la Bill of Rights

1792
2 abr.: Coinage Act

1793
4 mar.: segunda investidura
de George Washington

1797
4 mar.: investidura de John Adams

1799
14 dic.: muerte de George Washington

- George Washington, nombrado coronel por el gobernador de Virginia, participa en la guerra de los Siete Años en el bando de los ingleses, que luchan contra los franceses.
- En 1775, es elegido representante de Virginia en el Primero y Segundo Congreso Continental, y participa en la Declaración de Independencia y en los actos de la Unión, primicias de la Constitución.
- Entre 1775 y 1783 lidera la Convención, que concluye con la ratificación de la Constitución.
- Dirige el Ejército Continental en la guerra entre la nueva nación independiente y los colonos británicos.
- Es elegido primer presidente de los Estados Unidos, y hace que se aprueben muchos textos fundadores de la nación estadounidense: la Declaración de Derechos (Bill of Rights) y la Ley de la Moneda (Coinage Act), así como la Ley sobre el Funcionamiento Judicial (Judiciary Act).
- Así, sienta las bases de las instituciones judiciales y financieras del Estado federal.
- Durante los conflictos entre los Estados Unidos y las naciones europeas (Francia y Gran Bretaña, en particular), intenta definir una diplomacia que logre que se respete la neutralidad de la nación estadounidense.
- Bajo su mandato empiezan a aparecer los primeros partidos en torno a las posiciones políticas del secretario del Tesoro, Alexander Hamilton y del secretario de Estado de Asuntos Exteriores, Thomas Jefferson.
- A pesar de que su postura se inclina más al abolicionismo y al respeto de las naciones indias, George Washington no establece ninguna política específica en relación a cuestiones de esclavitud y de territorios indios, ya ignoradas en la Constitución.

- Después de sus dos mandatos y aunque su administración le anima a buscar una reelección, George Washington deja la política y regresa a sus tierras, donde muere tres años más tarde.

¡Tu opinión nos interesa!
¡Deja un comentario en la página web de tu librería en línea,
y comparte tus favoritos en las redes sociales!

PARA IR MÁS ALLÁ

FUENTES BIBLIOGRÁFICAS

- Alden, John Richard. 1954. *La guerre d'Indépendance. 1775-1783*. París: Seghers.
- Bruce, David K. 1954. *Les présidents des USA de George Washington à Abraham Lincoln*. París: Gallimard.
- Cunliffe, Marcus. 1966. *George Washington. L'homme et la légende*. París: Seghers.
- Desbiens, Albert. 2012. *Histoire des États-Unis. Des origines à nos jours*. París: Éditions du Nouveau Monde.
- Kaspi, André. 1972. *La naissance des États-Unis. Révolution ou guerre d'indépendance?* París: Presses universitaires de France.
- Meyer, Jean. 2009. *L'Europe et la conquête du monde. XVIe-XVIIe siècles*. París: Armand Colin.
- Portes, Jacques. 2010. *Histoire des États-Unis. De 1776 à nos jours*. París: Armand Colin.

FUENTES COMPLEMENTARIAS

- Miller Center of Public Affairs, "American President: A Reference Resource". Consultado el 13 de diciembre de 2016. http://millercenter.org/president/washington/essays/biography/5
- Faulkner, Harold Underwood. 1958. *Une histoire économique des États-Unis d'Amérique des origines à nos jours*. París: PUF.
- Sargent, Thomas J. 2011. *Les États-Unis naguère. L'Europe aujourd'hui*. Conferencia Nobel pronunciada en

Estocolmo. 8 de diciembre.
- Williams, Glenn. 2007. "March to Victory". *Revue historique des armées*, n.° 246, 10-21.
- Warrington, Dawson. 1936. "Les 2 112 Français morts aux États-Unis de 1777 à 1783 en combattant pour l'indépendance américaine". *Journal de la Société des Américanistes*, tomo 28-1, 1-154.

DOCUMENTALES

- *Yorktown 1781*. Dirigido por Henri Turenne y Daniel Costelle. Francia, 1976.
- *10 présidents américains célèbres*. Dirigido por Pierre Étienne Pommier. Francia, 2012.

¡APRENDER NUNCA ANTES FUE TAN RÁPIDO!

www.en50minutos.es

www.en50Minutos.es

ISBN ebook: 9782806278012

ISBN papel: 9782806281715

Depósito legal: D/2016/12603/227

Libro realizado por <u>Primento</u>*, el socio digital de los editores*